Dedicated to April.

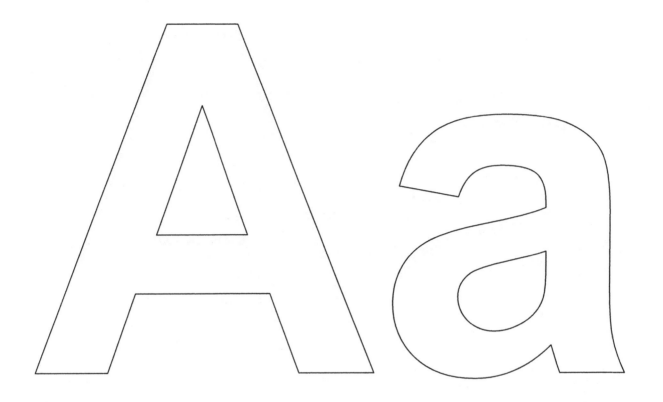

AWESOME

- - - - - - - - - - - - - -

Bb

BRAVE

- - - - - - - - - - - -

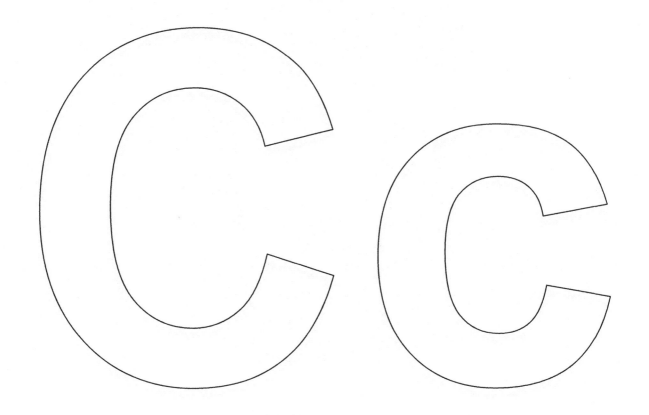

CONFIDENT

- -

Dd

DREAM

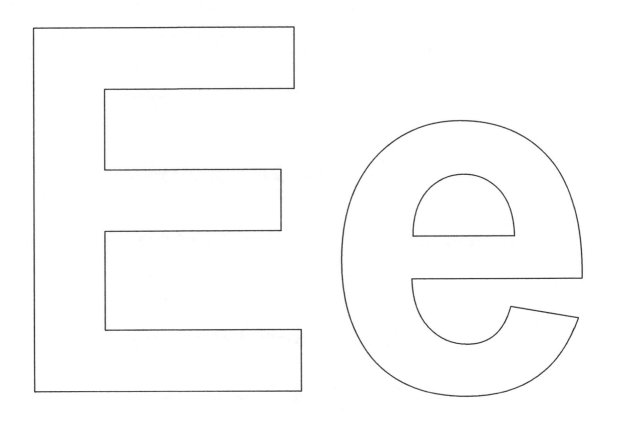

ENCOURAGE

- - - - - - - - -

FAMILY

GRATEFUL

_____

- - - - - - - - - - - - - - - - - -

_____

Hh

HAPPY

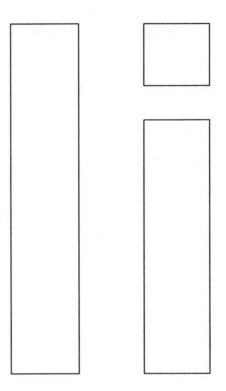

IMAGINE

_____

- - - - - - - - - - - - - - -

_____

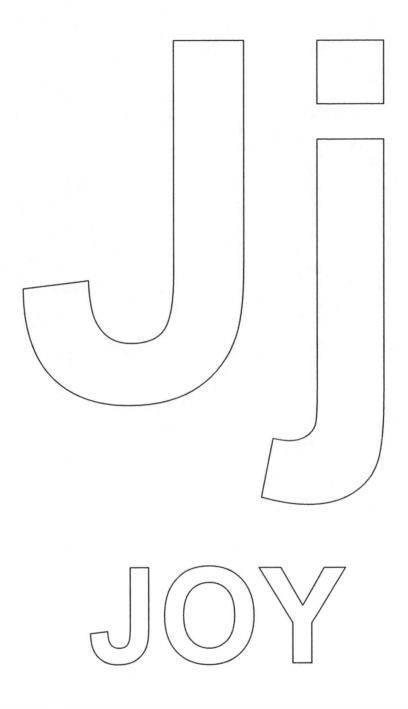

JOY

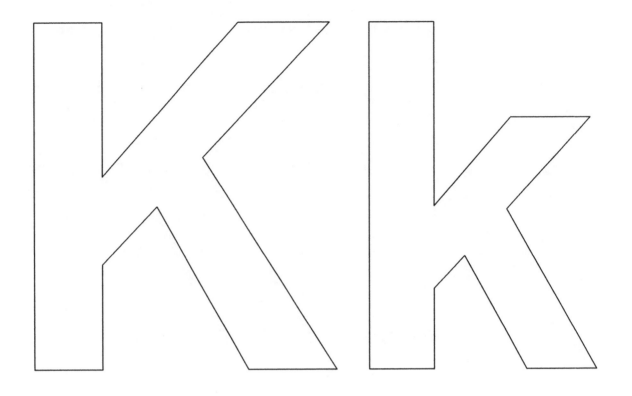

KIND

L l

LOVE

_____

- - - - - - - - - - - - - - - - -

_____

Mm

MOTIVATION

_____

- - - - - - - - - - -

_____

Nn

NATURE

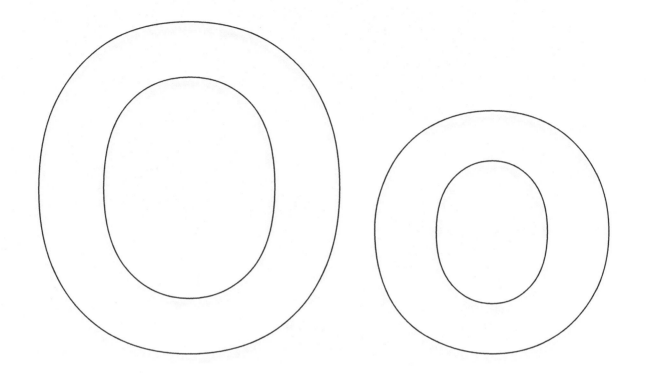

OVERCOME

Pp

PURPOSE

QUALITY

RESPECTFUL

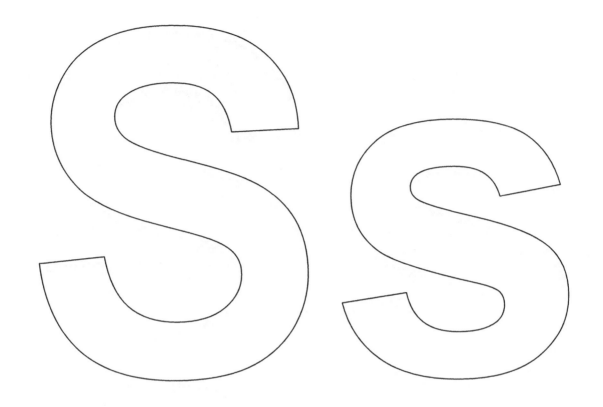

STRONG

- - - - - - - - - - -

TRUTH

- - - - - - - -

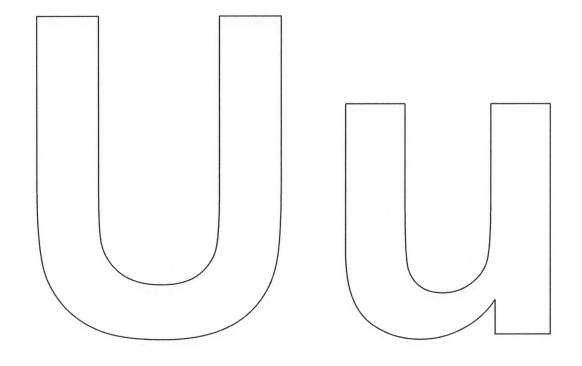

UNITY

‒ ‒ ‒ ‒ ‒ ‒ ‒ ‒ ‒ ‒ ‒ ‒ ‒

Vv

VIBRANT

- - - - - - - - - - - - - - - - -

Ww

WORTHY

- - - - - - - - - - - - - - - - - -

XENIAL

YOUNG

ZEAL

_____

- - - - - - - - - - - - - - - - - -

_____

Artist:

Shakira Rivers

Editor:

J. D. Wright

Contributors:

Stephanie R. Spriggs

Billy D. Wright

Toni L. Wright

Victoria Spriggs

Creator:

J. D. Wright